Dieses Buch gehört:

_____

Oh, hallo!

Dieses magische Ausmalbuch nimmt dich mit auf eine Reise weit weg vom Alltag. Sobald du es aufschlägst, die Geschichten von unseren kleinen Freunden aus dem Murmelbachtal liest und die Bilder dazu kolorierst, verschwinden trübselige Gedanken ganz von allein. Mach dieses Buch zu deinem Schatz, indem du die Seiten nach deinem Geschmack ausmalst. Schnapp dir deine Buntstifte, blättere auf die nächste Seite und reise mit deinen kleinen neuen Freunden von Mr. & Mrs. Panda durch ein ganzes Jahr voller Abenteuer! Das Leben wartet auf dich …

Deine Nora / Mrs. Panda

Die Freunde

Bruno Bellissimo

Bruno ist ein Bär mit einem großen Herz. Neben seiner Ehefrau Melona haben auch alle seine Freunde darin Platz. Er hat immer sehr viele wertvolle Lebenstipps parat und kann lesen, was für einen Bären etwas ganz Besonderes ist. Allerdings liest er sehr langsam. Zudem zeichnet ihn sein glorreicher Mut aus.

Poldi Panda

Poldi ist überall beliebt, was nicht zuletzt daran liegt, dass er asiatische Wurzeln und ein schwarz-weißes Flauschefell hat. Er liebt lange Wanderungen und Wildblumenwiesen.

Petunia Mausrella

Petunia ist die beste Freundin von Melona Bellissimo und etwas schüchtern und zurückhaltend in neuen Situationen. Das Unbekannte macht ihr Angst. Trotzdem zeichnet sie ihre Liebe allen Lebewesen gegenüber aus. Alle schätzen zudem ihre fröhliche Art und ihre Gastfreundlichkeit.

Lasse Baguette

Lasse trägt seinen Nachnamen aufgrund seiner langen Schnüffelnase. Er ist der Tapferste der Freunde und liebt die Gartenarbeit und Picknicke mit seinen Freunden.

Pelle Palermo

Pelle ist tollpatschig, aber für seine kurzen Beine wahnsinnig flott. Er liebt es, sich mit Freunden eine tolle Zeit zu machen und sieht in allem das Schöne. Seine Lieblingsjahreszeit ist der Herbst, weil man in dieser Jahreszeit am besten Drachen steigen lassen kann.

Melona Bellissimo

Melona ist die Ehefrau von Bruno Bellissimo und eine hoffnungslose Romantikerin.
Sie liebt es, Freunde mit selbstgebackenen Köstlichkeiten zu verwöhnen. Sie liebt Bücher und Blumen und lebt den französischen Lebensstil.

Smörle

Smörle heißt auf Schwedisch Buttermilch. Kein Wunder, dass Smörle liebend gerne Milchspeisen jeglicher Art verspeist. Der kleine Marienkäfer ist ein gerne gesehener Gast und bei jedem Abenteuer mit dabei! Allerdings ist er etwas wortkarg, was aber nichts ausmacht, denn sein Herz ist so groß, dass es gar nicht auffällt, dass ihn eigentlich noch nie jemand sprechen gehört hat.

Fokus auf das Gute im Leben

Es war ein sonniger Tag auf der großen Wiese hinter dem Murmelbachwald. Dort begegneten Petunia und Bruno gerade Lasse Baguette, der mit hängendem Fuchsschwanz über die Wiese streifte.

„Was ist mit dir? Du wirkst betrübt, alter Fuchs", rief Bruno ihm zu.

„Das Leben läuft gerade nicht zu meinen Gunsten. Ich habe das Gefühl, dass mein Leben immer wieder im Chaos endet, egal wie intensiv ich über alles nachgrübele und abwäge." „Vielleicht ist das Grübeln das Problem?", fragte sich Petunia Mausrella laut. „Oder die Schwarzseherei", fügte Bruno hinzu. „Oder aber, es ist wirklich alles blöd und ich werde vom Universum einfach weniger geliebt!", rief Lasse beleidigt.

„Also, wenn ich eines sicher weiß, dann, dass uns das Leben liebt!", wisperte Petunia Lasse beruhigend zu. „Und das beweise ich dir jetzt!"

Die drei Freunde marschierten über die Wiese, bis Petunia abrupt stoppte. „Siehst du die Zitronenbäume, Lasse? Für die einen ist es eine saure, bittere Frucht. Vergleichbar mit dem Leben – bittersüß! Aber für mich sind sie köstliche Saftpäckchen voller Vitamine und guter Laune." Und so pressten die Freunde ein paar Zitronen aus und zauberten daraus eine köstliche Limonade. „So ist das also", dachte sich Lasse im Stillen, während er an seiner Limo schlürfte. „Es ist alles eine Sache der Betrachtung!"

Selbstakzeptanz

„Ich glaube, heute ist nicht mein Lieblingstag", stellte Petunia geknickt fest, als sie auf die vergangenen Stunden zurückblickte. Heute ging einfach alles schief. Erst hatte sie ihre Lieblingstasse fallen lassen, dann kam sie zu spät zu ihrer Freundin Melona Bellissima, die vor einem reich gedeckten Frühstückstisch auf sie wartete. Sie wartete so lange, dass die eifrigen Wespen, die übrigens Frühaufsteher sind, fast die ganzen Croissants aufgegessen hatten. Und das, obwohl sie nicht einmal geladene Gäste waren. Dann stolperte Petunia über eine Wurzel, weil sie so schnell zu ihrer Verabredung eilte, und zu guter Letzt musste sie feststellen, dass ihre Tomatenpflanzen am Nachmittag alle Blätter hängen ließen, weil sie am Morgen vergessen hatte, sie zu gießen.

Petunia hatte also gar keine Lust auf Gesellschaft, als Bruno und Lasse auf einmal vor ihr standen. „Heute nicht, alter Bär", sagte sie zu Bruno und winkte ab. „Ich will lieber alleine sein." „Oh, das trifft sich gut", entgegnete Bruno. „Wir wollen nämlich auch gerne alleine sein." „Wir könnten gemeinsam alleine sein", schlussfolgerte Lasse.

„Aber bevor wir es uns zusammen gemütlich machen und uns aufs Alleinsein vorbereiten, haben wir noch eine Überraschung für dich, Petunia!", sagte er voller Vorfreude und zeigte auf einen Baumstumpf, auf den sich Petunia wie auf einem Podest platzieren sollte. „Hoch sollst du leben!", riefen die beiden Freunde und warfen Konfetti über Petunia. „Aber ich habe heute nichts Tolles geleistet", sagte Petunia. „Der Anlass ist, dass du toll bist! Und das bist du jeden Tag! Dafür musst du nichts Besonderes leisten", verkündeten die beiden. Und so wurde aus einem blöden Tag doch noch ein ganz wundervoller Tag für die kleine Maus ...

Träume dein Leben

Lasse, Petunia, Pelle und Bruno unternahmen wie so oft eine Nachtwanderung. Sie liebten die Ruhe und die kühle Luft. Und sie liebten den klaren Sternenhimmel. Eigentlich liebten sie jede Tageszeit, aber die Nacht wirkte auf die vier Freunde wie ein ganz besonderer Zauber und hüllte sie in Sternenglanz. „Diese Nacht ist etwas ganz Besonderes", sagte Pelle andächtig. „Heute ist Sternschnuppennacht!" Die Freunde blieben stehen und starrten gebannt in den Himmel. „Wenn wir eine sehen, wünschen wir uns was, ja?", fragte Bruno seine Freunde. „Ich habe eine famose Idee", rief Petunia aufgeregt. „Lasst uns gemeinsam nach einer Sternschnuppe suchen, und dann wünschen wir uns zu viert etwas! Damit wird unser Wunsch zum Superpowerwunsch!"

„Was wollen wir uns denn wünschen?", fragte Bruno, der die Idee wunderbar fand. „Ich will ein neues Haus", sagte Lasse. „Aber du wohnst doch schon sehr schön", entgegnete Bruno. „Viel cooler wäre ein großes Ruderboot!" „Ich fände ein Segelboot besser. Und dann brauchen wir natürlich auch einen größeren See", rief Pelle. „Also ich glaube, mein Wunsch wurde schon erfüllt", sagte Petunia leise und andächtig. „Ich wünsche mir nämlich immer schöne Momente wie diesen mit meinen allerbesten Freunden."

„Da ist eine Sternschnuppe", rief Lasse aufgeregt. Und alle Freunde wünschten sich in diesem Moment das Gleiche: noch unzählige schöne gemeinsame Momente wie diesen …

Träum darüber nach

Die Nacht legte sich über das Murmelbachtal. Die Landschaft wurde in einen dunklen Schleier aus Nebel gehüllt, das zarte Licht der Sterne tanzte über die taufrischen Gräser und der Mond stand rund am Himmel. Die Nacht war kühl und ruhig, nur aus dem Fuchsbau von Familie Baguette war noch lautes Lachen und Jauchzen zu hören. Die Jungs wollten nicht ins Bett. Unter keinen Umständen wollten sie an einem so tollen und aufregenden Abend wie diesem schlafen. Der Tag sollte nicht enden. Sogar das Käuzchen, das von draußen durchs Fenster die Kissenschlacht der Fuchsbrüder beobachtete, schüttelte mit dem Köpfchen. „Jungs, es war ein langer Tag. Es ist Schlafenszeit!", stellte ihre Mutter fest und ließ selber schon ihren Fuchsschwanz müde hängen. Sie genoss jeden Tag mit ihren aufgeweckten Jungs, aber am Abend war sie erschöpft. „Wir sind aber gar nicht müde …", entgegneten sie im Chor. „Wenn ihr so gar nicht müde seid, dann gibt es nur eine einzige Lösung: Wir machen es uns so unglaublich gemütlich, dass einem gar nichts anderes übrig bleibt, als müde zu werden. Und am besten geht das mit einem guten Buch, einem heißen Tee und eingerollt in die Bettdecke!" Die Jungs liebten es, Zeit mit ihrer Mutter zu verbringen. Ein so gutes Abendprogramm ließen sie sich auf keinen Fall entgehen. Und so tranken sie Lakritztee, aßen noch ein paar selbstgebackene Haferkekse und lauschten gespannt den Geschichten aus ihrem Lieblingsbuch „Das Leben ist schön". Was am Ende keiner merkte, war, dass alle Füchse über den Geschichten einschliefen und erst mit den ersten Sonnenstrahlen des Tages wieder wach wurden …

Es sind die kleinen Dinge

Es herrschte ein reges Treiben an jenem herrlichen Frühlingstag auf der Wildblumenwiese hinter dem Murmelbachwald. Die Blüten neigten sich eifrig den ersten warmen Sonnenstrahlen des Jahres entgegen, die ersten Bienen klapperten die Blütenblätter auf der Suche nach köstlichen Blütenpollen ab und die Mäuse waren damit beschäftigt, sich einen herrlichen Frühlingstag zu machen. Die langen Wintermonate hingen ihnen noch in den Knochen. Umso mehr genossen sie die bunten Farben des Frühlings. Nur eine Maus stand regungslos im Gras und regte sich nicht. Das fiel nach einer Weile ihren Freunden auf. „Was ist mit dir, Egon?", rief Petunia ihrem kleinen Kumpel zu. „Nichts Besonderes", entgegnete dieser. „Ich überlege nur." „Worüber denkst du denn nach?", wollte Petunia wissen. „Ach, ich frage mich, was Glück ist", antworte Egon, versunken in Tagträumereien. „Das ist eine sehr gute Frage", mischte sich nun auch Melona ins Gespräch ein. „Ich würde sagen, Glück ist dieser Tag heute. Wir hatten einen schönen Vormittag. Und der restliche Tag liegt noch vor uns. Und die Sonnenstrahlen sorgen dafür, dass noch mehr Glücksgefühle ausgeschüttet werden. Ich könnte platzen vor Freude", rief Melona begeistert. „Ich glaube, Glück ist der Moment, wenn wir gleich picknicken", entgegnete Petunia. „Ich habe die köstlichsten kleinen Leckerbissen vorbereitet und unseren Lieblingseistee gebraut. Es wird das beste Picknick des Jahres werden." „Aber ist Glück dann immer von äußeren Umständen abhängig?", hakte Egon nach. „Ich bin mir ziemlich sicher, dass man immer voller Glück sein kann. In seinem Herzen. Und in seinem Bauch. Wichtig ist nur, das Schöne in allen Dingen zu sehen", antwortete Petunia und zeigte auf einen freien Platz auf der Picknickdecke neben sich. „Setz dich, Egon. Wir stoßen gemeinsam an. Auf das Leben. Und auf das Glück."

Zuhause ist kein Ort, sondern ein Gefühl

Melona und ihre Tochter Melissa genossen die Sonnenstrahlen vor ihrem gemütlichen Haus, das auf einer kleinen Lichtung im Murmelbachwald stand. Dieses Haus hatte Melona durch Zufall bei einem ihrer ausgedehnten Waldspaziergänge entdeckt und zu ihrem Verzücken festgestellt, dass es vollkommen unbewohnt war. Und so sah es auch aus: Überall hingen Spinnenweben, Efeu umrankte das Haus, als wäre es in grünes Geschenkpapier verpackt und durch eine Stelle im Dach regnete es mitten ins Wohnzimmer. Laut einer alten Überlieferung hatte das Haus vormals ein junger Dachs bewohnt, der sich beim Hausbau in der Größe verschätzt hatte und am Ende kaum in sein eigenes Haus passte. Dachse sind nicht so gut darin, Größen einzuschätzen und vorausschauend zu denken. Und das kam am Ende Melona zugute. Die Renovierungsarbeiten dauerten einen ganzen Sommer, bis das Haus wieder in neuem Glanz erstrahlte. Melona liebte ihr kleines, gemütliches Nest und zelebrierte jeden Tag mit kleinen Ritualen ihre Dankbarkeit. Ein Ritual war es, das Haus sauber zu halten. Ein weiteres Ritual war es, in den Ecken alles sauber zu halten, aber die Spinnweben nicht zu entfernen. Denn Spinnen brauchen über den Winter auch einen Platz zum Wohnen und Melona teilte gerne. „Mama, wenn ich groß bin, will ich auch so ein schönes Haus haben. Nur eben ein eigenes", stellte Melissa fest, als sie vom Gartentisch aus ihr Haus betrachtete. „Melissa, ich muss dir etwas Wichtiges für deine Zukunft mitgeben. Ein Zuhause ist nicht unbedingt ein schönes Haus. Du bist beispielsweise mein Zuhause und ich werde für immer dein Zufluchtsort sein. Du kannst bei jemandem ankommen und dich zuhause fühlen. Es muss nicht immer ein Ort sein. Und du wirst immer zuhause sein – in dir selbst. Dein kleiner Körper ist dein Zuhause in dieser großen Welt. Du kannst also ein schönes Dach über dem Kopf haben, aber das ist nur das i-Tüpfelchen. Ein Haus kann abbrennen oder vom Sturm weggeweht werden. Aber das Gefühl von Heimat ist immer in dir."

Liebe dich selbst

„Mein Herz, es schmerzt so sehr!", schluchzte Lasse. Es war wirklich ein trauriger Anblick, ihn so geknickt am Boden sitzen und weinen zu sehen. Er ließ seinen sonst so imposanten, buschigen Fuchsschwanz traurig auf den Boden hängen, während er mit betrübter Miene seine Tatzen auf seine Brust hielt, als würde er sein schmerzendes Herz schützen wollen.

„Was ist denn los?", fragte seine Frau Lydia, die Lasses herzzerreißendes Schluchzen bis in den Garten gehört hatte. „Ich glaube, ich werde alt", schniefte Lasse. „Meine Füße tun weh. Und als ich vorhin versucht habe zu lesen, konnte ich die Buchstaben kaum erkennen." Lasse wimmerte. Er sah sein Leben an sich vorüberziehen. Hatte er schon alles gemacht, was er erleben wollte? Hatte er jeden Moment genug ausgekostet? War er schon für das hohe Alter bereit? Die Gewissheit der Vergänglichkeit traf ihn wie ein Stich ins Herz.

„Ach, du alter Fuchs", sagte Lydia liebevoll und schmunzelte. „Natürlich werden wir älter. Wir gehen einen Deal ein, wenn wir auf die Welt kommen: Wir werden geboren, dürfen das Geschenk des Lebens in allen Facetten auskosten und müssen dann wieder gehen, um Platz für die Nächsten zu machen. So ist das schon immer gewesen. Zugegeben, älter werden kann furchteinflößend sein." „Ja, sehr", nickte Lasse und zeigte auf seine noch immer schmerzenden Füße. „Deine Füße tun dir weh, weil du gestern den ganzen Nachmittag mit deinem Sohn über die Wiese getollt bist", lächelte Lydia. „Da ist es doch verständlich, dass deine Füße schmerzen. Aber dieser Moment ist das, was wir Leben nennen." „Aber meine Augen ...", sagte Lasse und zeigte mit seiner Tatze auf seine verheulten Augen. „Seit wann können Füchse im Hellen gut lesen? Wir Füchse sind von Natur aus nachtaktiv. Versuche es heute Abend noch einmal mit dem Lesen. Da wirst du bestimmt viel besser sehen", erwiderte Lydia weise. „Alt werden ist total in Ordnung, solange du dich selbst so liebst und akzeptierst, wie du nun einmal bist."

Das Leben ist ein Abenteuer

Es war ein stürmischer Tag in Murmelbachwald, als Lasse Baguette entschied, dass heute noch etwas Spannendes passieren müsse. Seit Tagen hingen graue Wolken über dem Wald. Und in den vielen Tagen zuhause hatte Lasse schon alles getan, was Spaß macht. Er saß mit einem Buch am Kamin, hatte stundenlang die vorbeiziehenden Wolken beobachtet, hatte seine Kamillenvorräte für frischen Tee aufgebraucht und lange Vollbäder genossen. Nun war die Zeit reif für ein Abenteuer. Er hatte das Glück, dass Pelle Palermo und Petunia Mausrella von den vielen einsamen Stunden zuhause ebenfalls gelangweilt waren. Und so zogen die Freunde gemeinsam los und durchstreiften den Wald auf der Suche nach einem famosen Abenteuer. „Was kann man bei diesem Wetter schon machen?", fragte Pelle, der nach stundenlanger Suche nach Abenteuern langsam die Hoffnung aufgab. „Wir können nicht picknicken, weil unsere Brote im Regen aufweichen, wir können nicht klettern gehen, um aus den Baumwipfeln die Aussicht zu genießen, weil es viel zu windig ist und können nicht …" „Wir gehen die Sache falsch an", brabbelte Lasse dazwischen. „Es geht ja nicht darum, was wir alles nicht machen, sondern was wir alles machen können." „Also Wind ist super, zum Beispiel zum Bootfahren", stellte Petunia fest. Gesagt, getan. Die drei Freunde schipperten über den See hinter dem Murmelbachwald, bis die Abenddämmerung hereinbrach und freuten sich darüber, dass man wirklich zu jeder Jahreszeit, egal unter welchen Wetterbedingungen, eine tolle, abenteuerreiche Zeit verbringen kann. Denn die Welt ist ein riesiger Spielplatz voller Möglichkeiten, und das ist das Wunderbare daran.

Zeit ist ein Geschenk

Die große Picknickdecke war ausgebreitet und mit den köstlichsten Speisen gedeckt. Es gab Lakritzschnecken, kleine Möhrenmuffins, Kamillentee und frische Croissants. Aber das Beste war noch nicht auf der Decke. Und das war die famose Picknickgesellschaft, bestehend aus Bruno Bellissimo, Poldi Panda und Lasse Baguette, die sich für das schmackhafte Picknick besonders fein gemacht hatten. Picknicke werden im Murmelbachwald nämlich immer gebührend gefeiert, was schon sehr verwunderlich ist, wenn man bedenkt, dass dort beinahe jeden Tag ein Picknick zelebriert wird. Gerade, als sich die Freunde auf die Decke plumpsen ließen, raschelte es im Gebüsch. Poldi zuckte zusammen. „Was ist das bloß?", fragte er ängstlich. Bruno, der mutigste der Truppe, rief mutig Richtung Gebüsch: „Komm raus, wer auch immer du bist!", und fügte dann in etwas sanfterem Ton hinzu: „Wir tun dir auch nichts." Einen Moment warteten sie, dann entdeckten sie zwischen den Blättern erst eine kleine Nasenspitze, dann kam nach und nach die kleine Maus Petunia zum Vorschein. „Entschuldigt bitte, ich wollte euch nicht stören. Das Picknick sah so lecker aus, da musste ich einfach ein Stückchen vom Croissant probieren. Ich wusste ja nicht, dass es schon jemandem gehört." „Tut es auch nicht. Du kannst das ganze Croissant für dich alleine haben", rief Lasse und streckte es ihr entgegen. „Aber du musst eine Gegenleistung erbringen!" „Was denn? Ich habe gerade nichts dabei, was ich dir im Gegenzug anbieten könnte." „Doch", sagte Lasse und zeigte auf den freien Platz neben sich. „Du musst dich im Gegenzug zu uns setzen und das Picknick mit uns gemeinsam genießen. Neue Picknickfreunde können wir nämlich immer gebrauchen." „Also Zeit habe ich", rief Petunia begeistert und wusste, dass Zeit sowieso das Wertvollste war, das sie besaß und jemandem widmen konnte.

Glück verdoppelt sich, wenn man es teilt

Auf der großen Obstwiese hinter Petunia Mausrellas Baumstumpfhaus herrschte reges Treiben. Angelockt vom köstlichen Duft reifer Äpfel ließen es sich die Meisen, Spatzen und Rotkehlchen nicht nehmen, der kleinen Obstplantage einen Besuch abzustatten. Petunia hatte in den vergangenen Jahren alles versucht, um die Vögel zu verscheuchen. Sie stellte Vogelscheuchen aus, hängte alte Dosen in die Bäume und versuchte, sie zu verjagen, aber nichts half. Und so musste sie dabei zusehen, wie die Vögel sich über die köstlichen, reifen Früchte in ihrem Garten hermachten und ihr kaum etwas übrigließen. „Ihr futtert meine Wintervorräte auf!", schrie Petunia wütend, während sie wild mit den Armen fuchtelte. Plötzlich hielt sie inne. „Wenn ein Plan nicht funktioniert, muss ein anderer her", sagte sie sich leise. So ging sie zu Poldi Panda, von dem sie wusste, dass er ein echter Vogelkenner war. Das lag nicht zuletzt daran, dass Poldi am liebsten auf einer Bank saß und ins Nichts schaute. Und so ergab es sich, dass er stundenlang Vögel beobachtete und sie kennen und lieben lernte. „Poldi, ich brauche deine Hilfe! Was kann ich tun, wenn Vögel mir meine Ernte klauen?" „Sie scheinen hungrig zu sein. Es wäre sehr hilfreich, wenn die Vögel satt wären", stellte Poldi fest. „Du hast mich auf eine Idee gebracht, alter weiser Panda!", rief Petunia und flitzte nach Hause direkt in ihre Speisekammer. Nach einer emsigen Suche nach den Sonnenblumenkörnern vom letzten Winter hatte sie schließlich einen ganzen Sack voll in der Hand und zerrte ihn vor die Türe direkt auf die Obstwiese. „Kommt, Freunde! Es ist angerichtet!", zwitscherte Petunia zu den Vögeln herüber und ehe sie sich versah, war sie umringt von den hungrigen Vögeln. „Das ist eine wahre Win-Win-Situation: Die alten Körner finden noch Verwendung bei echten Liebhabern und meine Obsternte bleibt erhalten." Und wieder einmal wurde Petunia bewusst, dass man sich die Welt einfach teilt und das Leben viel schöner ist, wenn man füreinander sorgt und aufeinander achtgibt …

Genieße jeden Moment

Das Aprilwetter hielt Einzug in den Murmelbachwald. Die ersten warmen Sonnenstrahlen des Jahres wurden immer wieder von ein paar dicken Regenwolken weggedrängt. Die Waldbewohner waren schon seit Tagen damit beschäftigt, nach Regenbögen Ausschau zu halten, ihren Frühjahrsputz zu machen, ihre Regentonnen aufzustellen, um langsam aber sicher für die heißen Sommermonate Regenwasser aufzufangen und ihre Keller zu entrümpeln. Der Monat April steht bei allen Bewohnern des Murmelbachwaldes auf der Beliebtheitsskala aller 12 Monate ganz oben. Viele lieben das aufregende Wetter, das für Veränderung sorgt. Andere hingegen schätzen den Übergang in einen richtigen Frühling und besonders die Farbenpracht der Natur, die der April hervorbringt. Andere lieben an dem Monat, dass er alle Monate in einem vereint und so warme Tage für Picknicknachmittage, windige Tage zum Drachensteigen, aber auch regnerische, kühle Tage für Teeabende am Kamin bereithält.

„Puh", sagte Pelle Palermo und sah Bruno Bellissimo nachdenklich an. „Es gibt so viele Dinge, die ich heute tun könnte und das macht mich irgendwie unzufrieden." „Ich glaube, wichtig ist, dass du mit dem zufrieden bist, was du gerade tust", meinte Bruno, der damit beschäftigt war, seine Lieblingsstelle in einem seiner Lieblingsbücher zu finden. „Aber ich mache doch gerade gar nichts", sagte Pelle. „Bin ich ein Nichts?", brummelte Bruno, noch in sein Buch versunken. „Ah, ich glaube, ich weiß, was du meinst. Es geht nicht unbedingt darum, was man macht, sondern, dass man das, was man macht, genießt." „So ist es. Und weil es noch schöner ist, Zeit zu zweit zu genießen, und du noch nichts anderweitig geplant hast, möchte ich dich herzlich einladen, dich zu mir zu gesellen. Ich lese dir aus meinem Lieblingsbuch vor." Und so verbrachten die beiden Freunde die beste Zeit miteinander, lachten, philosophierten über die Welt und tranken gemeinsam Tee, bis ein neuer, großer Regenschauer das gemütliche Beisammensein beendete. Und während Pelle nach Hause flitzte, freute er sich schon auf seine nächsten Momente, die er in vollen Zügen genießen konnte …

Liebe ist wundervoll

Ein langes Wochenende stand Bruno Bellissimo mit seiner zauberhaften kleinen Mäusefrau Melona bevor, als sie sich entschlossen, gemeinsam in die Berge zum Zelten zu fahren. Die Sonne stand hoch am Himmel, als sie nach einem langen Wandertag die große Wiese am Fuße des Murmelberges erreichten. Sie machten alles, was ihnen Spaß bereitete. Sie badeten im Murmelbach, lagen in der Sonne herum und ließen sich ihren Pelz von den warmen Sonnenstrahlen trocknen, und sie aßen alle Lakritzschnecken auf, die sie als Proviant eingepackt hatten. Die beiden liebten ihre Abenteuerausflüge. Das war ihre Definition vom Glück ... Ganz besonders freuten sich Bruno und Melona aber immer auf die Sommernächte. Die waren nämlich beim Zelten besonders schön. Nachts herrschte eine angenehme Temperatur. Es ist nämlich so, dass Braunbären in der Sonne sehr viel schwitzen. Außerdem ließen sich nachts besonders gut die Sterne beobachten. Und mit etwas Glück entdeckte man sogar eine Sternschnuppe. Und so saßen sie auch dieses Mal am prasselnden Lagerfeuer und lauschten der Gitarrenmusik, die aus weiter Ferne erklang. Auf einmal hielt Bruno inne und sah Melona tief in die Augen. „Was ist für dich eine gute Beziehung?", fragte er die kleine Maus, die eifrig damit beschäftigt war, ihren Marshmallow über dem Lagerfeuer zu rösten. „Das ist eine schöne Frage", antwortete Melona. „Ich finde, wir beide haben eine schöne Beziehung zueinander. Ich mag es, dass wir gemeinsam alles teilen können – sowohl schöne als auch schwere Zeiten. Ich mag es, dass du Abenteurer im Herzen bist. Und ich mag an dir, dass du zauberhaft zu jedem bist. Vor allem zu mir. Und ich mag es, Momente wie diesen mit dir zu teilen." „Dem habe ich nichts hinzuzufügen", antwortete Bruno, sah verträumt ins Lagerfeuer und genoss den Augenblick.

Feiere die Feste, wie sie fallen

Einmal im Jahr gerieten die Bewohner des Murmelbachwaldes in hellen Aufruhr. Das Sommerfest stand an und mit dem Sommerfest kam jeder Bewohner auf seine Kosten. Es gab traditionell ein Zirkuszelt, in dem jeder seine besten Kunststücke vorführen konnte, die er über das Jahr geübt hatte. Lasse Baguette jonglierte mit vier Haselnüssen und schaffte während des Jonglierens sogar eine Drehung um seine eigene Achse. Melona Bellissimo balancierte adrett über ein Seil und sah mit ihrem kleinen Regenschirm in der Hand aus, als hätte sie nie etwas anderes gemacht. Poldi Panda zeigte stolz, wie schnell er einen Stapel Pfannenkuchen verputzen konnte und Pelle Palermo machte so viele Purzelbäume hintereinander, bis ihm schlecht wurde. Für die kleinen Bewohner des Murmelbachwaldes fand jedes Jahr ein Kasperletheater statt, das von Sonnenauf- bis Sonnenuntergang spielte. Und Bruno Bellissimo verkaufte Eis. So einen Tag mit Freunden zu verbringen, ist Balsam für die Seele. Und deswegen beschlossen die Waldbewohner, ihr Sommerfest nicht nur einmal im Jahr zu veranstalten, sondern einmal im Monat. Denn so konnten sie sich noch mehr schöne Tage sichern.

Sei dankbar

Eines Morgens wurde Petunia Mausrella besonders früh wach. Die Morgendämmerung lag noch nicht einmal über dem Murmelbachwald, als sie aus ihrem Pilzhäuschen kroch, und ihre Nase prüfend in den Himmel streckte. Sie witterte, dass ihr ein besonderer Tag bevorstand. Unruhig tippelte sie auf und ab, bis die ersten Sonnenstrahlen das noch taufrische Gras in einen glitzernden Teppich verwandelte. „Warum bin ich denn nur so unruhig?", fragte sich Petunia, während sie sich einen Kamillentee aufgoss. Mit diesem setzte sie sich an den Gartentisch vor ihrem Pilzhaus und wartete. Worauf sie wartete, wusste sie selbst nicht so genau. Aber sie wusste, dass man bei Unruhe entschleunigen sollte. Und das geht besonders gut mit einer Tasse Kamillentee im Garten. Auf einmal fiel ihr Blick auf das Ende der Waldlichtung. Dort kroch in einem Schneckentempo Egon Schneckerich, der fleißige Postbote des Murmelbachwaldes, den Weg entlang und steuerte direkt auf Petunias Haus zu. „Post für dich, Petunia!", rief Egon ihr entgegen und überreichte ihr feierlich einen Brief. Petunia riss ihn ungeduldig auf.

„Liebe Petunia,
ich schreibe dir, weil ich mich bei dir bedanken wollte. Ich bringe dir seit vielen Jahren deine Post und möchte mich bei dir bedanken, dass ich immer so herzlich empfangen werde. Wenn ich durstig bin, bekomme ich eine Tasse Tee. Wenn ich Überbringer von schlechten Nachrichten bin, bist du zu mir trotz allem freundlich. Wenn ich mal wieder zu spät komme, weil gute Dinge eben Zeit brauchen, bist du niemals ungeduldig und immer verständnisvoll. Mäuse wie du sorgen dafür, dass ich gerne meine Arbeit verrichte und jeden Morgen motiviert aufstehe. Danke für alles.
Dein Egon Schneckerich"

„Der Brief ist ja von dir!", rief Petunia Egon nach, der schon weitergekrochen war, um seine restlichen Briefe zu verteilen.
„Ja. Als Dankeschön für alle Begegnungen mit dir! Aber ich muss weiter, ich muss mich nämlich bei all meinen Kunden bedanken", rief Egon und kroch davon.

Gute Freunde machen das Leben lebenswert

Es war Picknicktag im Murmelbachwald! An Picknicktagen sind alle Waldbewohner in heller Aufregung, denn wenn die kleinen Freunde eines gerne machten, ist es picknicken. Picknicke vereinen nämlich alles, was unsere Freunde gerne mögen: Schmausen, in der Sonne herumsitzen, in guter Gesellschaft sein, spannenden Geschichten lauschen und erzählen und neue Speisen probieren. Aus diesem Grund laufen die Vorbereitungen für Picknicktage auch schon ein paar Tage vorher auf Hochtouren. Kamille wird für frischen Tee gesammelt und getrocknet, Walderdbeeren werden gepflückt, Trüffel werden gesucht für den traditionellen Nudelsalat von Melona Bellissimo, Brotteig wird für das Stockbrot geknetet, das Lasse Baguette gerne serviert und Bruno ist eifrig damit beschäftigt, Honigkuchen aus seinen Vorräten zu backen. Am Picknicktag werden alle Köstlichkeiten auf Picknickdecken ausgebreitet. Als erstes bedienen sich immer die Wespen und futtern sich satt. Anschließend machen sich die Freunde über alle Köstlichkeiten her, bis ihre kleinen Bäuche gefüllt sind. Auch an diesem Picknicktag ließen sich nach einem fulminanten Mahl alle Freunde auf den Rücken ins Gras fallen und blieben einfach regungslos in der Sonne liegen. „Sag mal, Bruno", sagte Lasse Baguette, ohne sich zu bewegen, „meinst du, dass alle so viel Glück haben wie wir?" Für einen Moment herrschte Stille. Dann meldete sich Petunia zu Wort, die schneller denken konnte als Bruno und daher auch schneller eine Antwort parat hatte: „Ich glaube schon, dass ganz viele so ein Glück haben. Denn wenn man Freunde wie euch hat, ist das schon die halbe Miete. Wir können zusammen lachen, uns zusammen die Bäuche vollschlagen und gemeinsam in der Sonne liegen. Was braucht es denn noch mehr?" „Stimmt", brummelte Bruno, der es schöner hätte nicht formulieren können. „Und gute Freunde findet man überall auf der Welt", sagte Lasse verträumt, bevor er sich einrollte und zufrieden eindöste.

Loyal und liebenswert

Ein besonderer Tag lag über dem Murmelbachtal, das spürten alle Bewohner des Waldes. Der besondere Ehrentag von Petunia Mausrella lag wie Feenstaub in der Luft, als Petunia sich morgens reckte und streckte und gespannt auf die bevorstehenden Ereignisse blickte. Eigentlich legte sie keinen besonderen Wert auf ihren Geburtstag. Denn dieser machte sie darauf aufmerksam, dass sie schon wieder ein Jahr älter wurde. „Älter und weiser", sagte sie motivierend zu sich selbst, als sie ihre Bettdecke aufschüttelte. Es klopfte an ihrer Haustüre. Petunia freute sich, denn Überraschungsbesuch ist bei ihr immer sehr willkommen. Obwohl gerade erst die Sonne aufgegangen war, standen Bruno Bellissimo und Lasse Baguette vor der Türe. „Oh, meine liebsten Freunde sind da! Und ihr habt Geschenke mitgebracht", rief Petunia begeistert und nahm ihre beiden beste Freunde beschwingt in den Arm. „Hoch sollst du leben, Petunia!", riefen Lasse und Bruno im Chor und überreichten feierlich ihre Geschenke. Petunia öffnete erst Brunos Geschenk. „Da ist nichts drin", wunderte sich Petunia und sah fragend zu Bruno auf. „Mein Geschenk für dich ist Zeit", sagte Bruno feierlich. „Denn Zeit ist das Schönste, was man verschenken kann. Und Zeit verbringe ich unendlich gerne mit dir!" Petunia war gerührt. „Das ist ein tolles Geschenk. Vielen Dank, alter Bär", wisperte sie und warf ihm einen Luftkuss zu. „Und nun zu meinem Geschenk", drängte sich Lasse dazwischen und überreichte ihr ungeduldig sein Geschenk. „Was da wohl drin ist?", fragte sich Petunia und schüttelte das kleine Päckchen. Darin war eine kleine Schachtel und in der Schachtel war ein kleiner Zettel. Darauf war mit viel Sorgfalt ein Herz gemalt. „Das ist das Wertvollste, das ich dir schenken kann: mein Herz. Und das beinhaltet meine Freundschaft, meine Loyalität und meine ganze Liebe für dich", erklärte Lasse feierlich. „Dieses Herz wird dich immer daran erinnern, dass wir uns gegenseitig in unserem Leben haben."

„Das sind die schönsten Geburtstagsgeschenke, die ich hätte bekommen können!", stellte Petunia gerührt fest und wischte sich eine Träne der Rührung aus den Augenwinkeln.

Selbstfürsorge

Es war Badetag bei Lasse Baguette. Badetag war einmal im Jahr. Füchse müssen nämlich nicht oft baden und wenn sie mal das Gefühl von Frische brauchen, machen sie einen Regenspaziergang. Den Badetag führte Lasse nur ein, weil er es als sehr sinnvoll erachtete, sich Zeit für sich zu nehmen und sich bewusst eine Auszeit aus dem Alltagsstress zu gönnen. Für die Pflege seines Fells und seiner Pfoten war das nicht nötig. Aus Gründen der Gemütlichkeit fällt sein Pflegetag in jedem Jahr auf die Winterzeit. Wenn die Tage nicht richtig hell werden, draußen der eiskalte Wind um seinen Bau weht und die Äste unter der Last des frisch gefallenen Schnees knarzen, ist es in seinem Bau bei Kerzenschein besonders gemütlich. In diesem Jahr hatte er sich etwas ganz Besonderes überlegt: Er hatte sich einen eigenen Badezusatz aus Blüten angesetzt, die er im Sommer bei langen Spaziergängen über die Wiesen gesammelt hatte. So fing er den Sommer in einer kleinen Flasche ein und konnte nun im tiefsten Winter darin baden.

Lasses Badezusatzrezept zum Nachmachen:
- 500 Gramm Meersalz
- getrocknete Blütenblätter (Lasse hatte Rosenblütenblätter und Kamillenblüten in seinem alten Lieblingsbuch getrocknet)
- ein paar Tropfen feinste ätherische Duftöle (Lasse liebt Rosenduft)

Einfach alles vermischen und in ein ausgekochtes Marmeladenglas füllen. Fertig.

Lasse genoss sein Vollbad in vollen Zügen, während er aus dem kleinen Fenster den tosenden Wintersturm vorbeiziehen sah. Er badete in einer wohltuenden Duftwolke aus Rose und Kamille, während er seinen Tagträumen nachhing. Es gab nur ihn und diesen Moment. „Eigentlich gibt es ja immer nur diesen einen Moment. Die Vergangenheit ist schließlich vorbei und die Zukunft noch nicht da. Wir sollten unsere Momente noch viel mehr genießen", stellte Lasse fest.

Auf Regen folgt Sonne

Ein absoluter Lieblingstag eines jeden Bewohners des Murmelbachwaldes stand an, als schon von weitem die Kirmesmusik über dem Wald zu vernehmen war. Die diesjährige Kirmes fand, wie jedes Jahr, auf der großen Waldlichtung statt. Sogar die Langschläfer wie Bruno Bellissimo standen an diesem Tag besonders früh auf, um nichts zu verpassen. Karussellfahren, Maiskolben essen und sich bei einer großen Portion Eis abzukühlen, war das Schönste an einem heißen Sommertag wie diesem. Und deshalb drängten sich alle Bewohner des Waldes schon in den frühen Morgenstunden um die Karussells und den Eisstand. „So eine Kirmes vereint wirklich alles, was ich liebe", sagte Poldi Panda begeistert zu seinen Freunden. „Köstliche Snacks, Karussellfahren, bis einem schlecht wird, und den ganzen Nachmittag mit euch zu verbringen – das ist Balsam für die Seele." „Warum machen wir das dann nicht jeden Tag?", fragte Pelle Palermo seinen besten Freund. „Na, weil man sich dann nicht mehr freuen könnte. Es ist doch so: Wenn man immer nur glücklich ist, kann man es nicht genießen, weil man gar nicht weiß, dass es einem gutgeht. Unsere schlechten Tage zeigen uns ja erst, wie wundervoll die guten Zeiten sind. Deshalb wollen wir diese natürlich auch nicht missen." „Wie weise du doch bist, Poldi", nickte Pelle dem süßen Panda zu, der gerade ein paar Lakritzschnecken für eine Fahrt im Karussell zusammensuchte. Lakritzschnecken sind eine gern gesehene Währung im Murmelbachwald. „Dann lass uns diesen wunderbaren Tag in vollen Zügen genießen!", rief Poldi und gemeinsam hatten sie den besten Tag, den man hätte haben können.

Hab keine Angst vorm Leben

Der Winter brach über den Murmelwaldsee herein. Graue Nebelschleier und Kälte lagen in der Luft, als man es im Unterholz trappeln hörte. Bruno und Melona Bellissimo und Lasse Baguette waren unterwegs, um gemeinsam die Dunkelheit zu verjagen. Eigentlich mochten die Freunde ja die Dunkelheit, aber wenn die Tage gar nicht mehr richtig hell werden, kann das auf die Dauer ganz schön aufs Gemüt schlagen. Um für etwas mehr Helligkeit zu sorgen, kam Lasse auf eine famose Idee: Die Freunde zogen mit selbstgebastelten Laternen von Haus zu Haus, um den Murmelbachwald für alle Bewohner zu erhellen. Den ersten Stopp machten sie an Petunia Mausrellas Pilzhäuschen. Es war allgemein bekannt, dass Petunia eine ängstliche Maus war. Sie hatte Angst vor Gewittern mit Blitzen und Donner. Sie mochte es nicht, wenn beim Kochen laut mit Töpfen geklappert wurde und hatte nachts Angst, alleine draußen zu sein. Aus diesem Grund blieb sie bei Dunkelheit am liebsten bei Kerzenschein und einem guten Buch auf dem Sofa. „Petuuuunia", rief es von draußen aus der Dunkelheit, als sie ungläubig aus dem Fenster sah. Was da draußen an Glühwürmchen auf dem Weg zu ihrem Haus erinnerte, entpuppte sich als ihre guten Freunde mit Laternen. „Ach, ihr kommt wie gerufen. Es ist zwar gemütlich und schön im Haus, aber ab und zu möchte ich mir doch die Pfoten vertreten", meinte Petunia, die inmitten von leuchtenden Laternen auf einmal gar keine große Angst mehr hatte. „Ach, jeder hat Angst", entgegnete Lasse und zeigte auf seine Laterne. „Ich hatte Angst, mir die Pfoten zu verbrennen, daher hat Melona mir die Kerze angezündet."

„Und ich hatte Angst vor den knarzenden Geräuschen im Gebüsch", stimmte Melona mit ein. „Bruno hat dann nachgesehen und hat festgestellt, dass dort nur ein Vogel durchs Laub geraschelt ist auf der Suche nach Futter." „Das mag dir mutig vorkommen, aber ich habe auch manchmal Angst", entgegnete der flauschige Bär. „Ich hatte Angst davor, im Gebüsch nachzusehen, woher das Rascheln kommt."

„Also habt ihr alle vor etwas Angst?", fragte Petunia. „Natürlich. Aber man ist mit seinen Ängsten nie alleine, deshalb ist es wichtig, dass man ab und zu von ihnen erzählt ..."

Mach anderen eine Freude

Mäuse sind generell handwerklich geschickt. Sie lieben es, kleine Dinge anzufertigen und ihren Freunden zu schenken. Und sie nähen auch gerne für sich selbst. Deshalb sind Mäuse auch immer sehr adrett gekleidet. Eines schönen Morgens, die Sonne stand noch nicht mal ganz am Himmel, klingelte schon das Joghurtbecher-Telefon von Petunia Mausrella, die gerade damit beschäftigt war, frische Minze zu ernten, um sich einen Tee aufzubrühen. Sie findet, ein Minztee sei eine gute Alternative zum Zähneputzen für frischen Atem am Morgen. Sie flitzte zum Becher-Telefon und war verzückt, Melona an der Strippe zu haben. „Guten Morgen Petunia", flötete Melona in den Becher. „Bist du schon fit für den Tag?" „Natürlich, liebe Melona", antwortete Petunia und erzählte ihrer besten Freundin, dass sie gerade überlegt habe, was sie mit dem heutigen Tag anstellen sollte. „Es ist doch bald Weihnachten, nicht wahr?", rief Melona und wurde von Petunia unterbrochen, die einwarf, dass gerade erst Herbstbeginn sei. „Ja, ich weiß, aber handarbeitstechnisch gesehen sind wir schon in der Vorweihnachtszeit. Die Zeit drängt. Ich möchte all unseren Freunden Geschenke machen, und um bis Weihnachten fertig zu sein, müssen wir ja irgendwann beginnen. Sonst kommen wir in Stress und Stress kann wahrlich niemand brauchen", erklärte Melona triumphierend und wartete gespannt auf die Rückmeldung von Petunia. Diese fand die Erklärung schlüssig und erwiderte: „Ich könnte mir für heute nichts Schöneres vorstellen, als es mir mit dir gemütlich zu machen und zu nähen."

Gesagt, getan. Das war ein Chaos in Melonas Wohnzimmer. Überall lagen bunte Fäden, Nähnadeln und feinste Stoffe. Sie nähten, strickten und vermaßen, erzählten sich Geschichten, lachten, schlürften Tee und aßen Kekse. Am Ende des Tages zog Petunia das Fazit: „Nichts ist schöner, als mit guten Freunden etwas für gute Freunde zu tun."

Du steckst voller Wunder

Musik lag in der Luft vom Murmelbachwald. Sie schwebte über die Baumwipfel hinweg, tanzte über den Murmelbach und kroch bis in die letzten Ecken der Baum- und Pilzhäuser. Zauberhafte, zarte Klänge der Glückseligkeit und … Moment mal! Was war das für ein schiefes, knarziges Geräusch? Die Nackenhaare der Waldbewohner sträubten sich. Zumindest bei den Bewohnern, die Fell trugen. Was war das nur für ein scheußlicher Klang? Ein Blick auf die Waldlichtung verrät es uns: Hier saßen Melona und Bruno Bellissimo, Smörle Bug und Poldi Panda und gaben ein Konzert. Und Poldi schien dabei nicht die richtigen Töne zu treffen. Da saß er und spielte eifrig auf einer Violine. „Stopp, stopp, stopp!", schrie Melona in die Runde und die Musik verstummte. „Hörst du das nicht, Poldi? Das klingt alles krumm und schief, was du da spielst!" „Na hör mal, ich gebe mir große Mühe. Ich kann doch nichts dafür, dass die Violine komische Klänge spielt." „Du spielst auf ihr. Sie gibt nur das wieder, was du versuchst, auf ihr zu spielen", sagte Bruno, denn er kannte sich aus mit Instrumenten. Poldi sah betrübt zu Boden. Er hatte sich doch so viel Mühe gegeben. Okay, er war vielleicht nicht der Musikalischste, aber er war mit Herz und Leidenschaft dabei, weil er Musik liebte. Den ganzen Nachmittag versuchten Melona und Bruno, Poldi das Violinespielen beizubringen, leider ohne Erfolg. Als alle schon aufgeben wollten, kam Melona der Geistesblitz: „Wir sind die Sache falsch angegangen! Wir haben uns auf Poldis Schwächen konzentriert und das ist falsch. Es ist okay, wenn er etwas nicht kann. Dafür kann er ganz viele andere Dinge." „Ich habe eine tolle Idee!", antwortete Bruno und überreichte Poldi eine Trompete. „In diese Trompete musst du nur im Takt der Musik pusten. Dafür ist keine Feinmotorik deiner Tatzen nötig." Und gemeinsam spielten sie den ganzen Abend über die schönsten Lieder.

Jede Jahreszeit steckt voller Zauber

Hurra, der Herbst war da! Das Laub färbte sich in zarte Orange- und Brauntöne, das warme Licht der Sonne tauchte den Wald in ein goldenes Licht und über den Baumwipfel sah man manchmal Papierdrachen steigen. Die Herbststimmung legte sich fröhlich, aber doch etwas melancholisch über den Murmelbachwald. Pelle Palermo war der erste, der es laut ausrief: „Der Herbst ist da, Freunde!", schrie er in den Wald hinein und tanzte mit seinen kleinen Watschelfüßen durch das Laub. Er drehte sich, bis ihm schwindelig wurde, während die herabfallenden Blätter ihn umtanzen. Da stand auf einmal Lasse Baguette neben ihm auf der Waldlichtung.

„Hallo Pelle, ich möchte dich zu meiner Herbstfeier einladen! Die ist einfach nur dafür da, um den Herbst zu zelebrieren. Du darfst das Programm mitgestalten. Was magst du am Herbst am liebsten?" Pelle musste nicht lange überlegen und fing an, aufzuzählen: „Ich liebe es, selbstgestrickte Socken zu tragen. Tee schmeckt nach langen Herbstspaziergängen auch besonders köstlich. Außerdem schnitze ich gerne Kürbisse und liebe Kürbissuppe. Abends schmause ich gerne Kürbiskerne. Und ich liebe es, den Regen zu beobachten und mich am Kamin zu wärmen." „Das klingt alles himmlisch", sagte Lasse Baguette verträumt. „Ich liebe es, abends am Lagerfeuer zu sitzen und Marshmallows zu grillen. Wollen wir das alles morgen zu meinem Herbstfest machen?" „Ich werde da sein", freute sich Pelle und konnte es kaum erwarten, dass der Herbst noch mehr zauberhafte Ereignisse hervorbrachte.

Verwöhne dich selbst

Lasse Baguette empfand den Sonntag als einen hervorragenden Tag, um Apfelkuchen zu backen. Der goldene Herbst brachte die saftigsten Äpfel hervor und die Äste des Apfelbaums in Lasses Garten ächzten schon unter ihrer reifen Last.

Lasses Apfelkuchen war Murmelbachwaldbekannt. Jeder liebte den köstlichen Kuchen und freute sich, wenn er ein Stückchen ergattern konnte. Und obwohl der Apfelkuchen ein geheimes Familienrezept ist, schenkt euch Lasse das Rezept, da er weiß, dass ihr wohl so schnell nicht im Murmelbachwald vorbeikommt, um ihn zu probieren …

Lasses legendäres Apfelkuchenrezept:

Für den Boden:	*Für den Belag:*
200 g Mehl	500 – 750 Gramm Äpfel
100 g Butter	Zitronensaft
1 Eigelb	3 Eier
30 g Zucker	100 g Zucker
1 Messerspitze Salz	1 Vanilleschote
1 EL Wasser	⅛ Liter Sahne

Alle Zutaten für den Boden vermengen und zu einem Mürbteig verarbeiten. Den Teig in eine gefettete Springform als Kuchenboden kneten und mit einer Gabel einstechen.

500-750 Gramm saure Äpfel schälen, in Scheiben schneiden, als Belag über den Boden verteilen, mit ein paar Spritzern Zitronensaft beträufeln und den Kuchen bei 200 Grad für 35 Minuten backen.

Währenddessen drei Eier mit 100 Gramm Zucker schaumig schlagen und die Vanilleschote sowie ⅛ Liter Sahne unter die Eimasse heben. Das Ganze über den Kuchen gießen und weitere 25 – 35 Minuten backen.

Lasse wünscht dir guten Appetit beim Genießen des besten Apfelkuchens der Welt!

Glück kostet nichts

Heimat ist kein Ort, sondern ein Gefühl. Und weil es deshalb wichtig ist, es sich stets gemütlich zu machen, wo auch immer man sich aufhält, planten die Bewohner des Murmelbachwaldes im Herbst immer große Bastelaktionen. Sie bemalten Laubblätter mit bunten Farben, bastelten Kastanienmännchen und fädelten Pilze und welke Blätter zu bunten Girlanden auf. Ach, wie herrlich war der bunte Herbst mit seinen vielen Geschenken aus der Natur...

Bruno und Lasse hatten es sich auf der herbstlichen Waldlichtung gemütlich gemacht und fädelten gerade Blätter auf eine Schnur auf, als Bruno nachdenklich wurde. „Ich hätte gerne ein größeres Haus. Gerade in den kalten Jahreszeiten fällt mir immer wieder auf, wie eng meine Bärenhöhle ist. Im Sommer verbringe ich ja die meiste Zeit draußen, aber im Winter, wenn ich mir meinen Winterspeck anfuttere, wirkt meine Höhle schon sehr beengt. Hätte ich doch nur ganz viele Lakritzschnecken für ein großes Haus", seufzte Bruno traurig. Lakritzschnecken sind nämlich die Währung im Murmelbachwald.

„Das verstehe ich, Bruno. Aber weißt du, alles was gut ist, ist umsonst. Gesundheit ist umsonst. Und die köstlichen Beeren des Waldes sind auch umsonst. Die Äpfel und Pilze, die wir am liebsten im Herbst essen, sind umsonst. Aber vor allem ist auch Freundschaft umsonst und du hast Glück, dass ich so ein toller Bautenbauer bin. Ich bin hervorragend im Graben und das ist tatsächlich auch völlig kostenlos. Lass uns deine Höhle einfach erweitern!" Und so gruben sich die beiden Freunde den ganzen Nachmittag durch das Erdreich rund um Brunos Höhle. Als sie am Ende des Abends erschöpft, aber glücklich in Brunos großer Höhle standen und gemeinsam die große Herbstgirlande aufhängten, freuten sie sich, dass die besten Dinge dieser Welt eben doch umsonst waren ...

Stecke andere mit deiner Freude an

Drachen steigen zu lassen war eine der Lieblingsbeschäftigungen von Pelle Palermo, der den Herbst ohnehin über alles liebte. Sein alter Drache, den er schon seit Kindertagen jeden Herbst steigen ließ, war durch die starken Winde der vielen Herbstnachmittage schon ganz zerzaust und knittrig. „Wenn ich den Drachen jetzt loslasse, wohin würde er wohl vom Wind getragen werden", rief Pelle fragend zu Bruno und Lasse herüber, die auch ihre Drachen steigen ließen. „Das ist eine gute Frage. Vielleicht endet der Wind ja am Ende des Murmelbachtals?", meinte Lasse und versuchte, mit seinem Drachen ein Lenkmanöver zu fliegen. „Nur weil du noch nicht weiter als bis über den Fluss gekommen bist, heißt es nicht, dass der Wind dort endet", schmunzelte Bruno und vermutete, dass der Wind bis zum anderen Ende der Welt wehte und wieder zurück. Auf einmal ließ Pelle seinen Drachen los. Dieser stieg empor, drehte sich noch zweimal im Wind und schwebte davon. „Warum hast du losgelassen?", fragte Lasse verwundert. „Weil ich demjenigen, der meinen Drachen findet, bestimmt eine Freude machen kann", sagte Pelle und lächelte.

Ein paar Tage später waren die Freunde wieder auf dem Weg zum Drachensteigen, als sie Pelles Drachen in der Luft tanzen sahen. „Wie kann das sein?", fragten sie sich und rannten zu der Stelle, an der sie Pelles Drachen aufsteigen sahen. Am Ende der Schnur stand Smörle Bug, der kleine, niedliche Marienkäfer und stemmte seine kleinen Beinchen kräftig in den Boden, um den Drachen zu halten. „Wo hast du den Drachen gefunden?", fragte Pelle und half Smörle, die Schnur zu halten. Smörle deutete auf das Flussufer. „Siehst du, Bruno", sagte Lasse triumphierend und nickte sich selbst zu. Smörle strahlte über das ganze Gesicht, als er mit den Freunden gemeinsam diesen wundervollen Herbsttag genoss. Pelle hatte recht behalten: Dinge zu teilen macht doppelt so viel Spaß!

Liebe das Leben

Der Herbst, der ist 'ne feine Zeit.
Für Spiel und Spaß ist er bereit.
Die Blätter fallen von den Bäumen,
das goldene Licht lädt ein zum Träumen.
So findet wirklich jedermann,
dass man den Herbst genießen kann.

Das Schönste an der Jahreszeit
ist neben Teeduft weit und breit,
das warme Knistern im Kamin,
und niemand braucht mehr Disziplin.
Denn Winterspeck muss ganz schnell her,
so lebt es seither Bruno Bär.

Nüsse, Pilze und Zuckerrübensuppe
sind Geschenke des Herbstes, so wie die Hagebutte.
Und während alle köstlich speisen
und den feinen Herbst anpreisen,
möchte ich einfach nur danke sagen.
Für die Natur, für die Glückseligkeit und für die Gaben.

Wir lieben dich, du schöner Herbst,
weil du in mir das Glück verstärkst.

Mach es dir schön

Unsere wunderbare Welt befindet sich im steten Wandel. Auf den warmen Frühling folgt ein heißer Sommer, der abgelöst wird vom farbenfrohen Herbst, bis das Jahr eisig und windig zu Ende geht. Doch genau in dieser Jahreszeit liegt viel Magie. Kaminfeuer prasseln in den behaglichen Wohnzimmern, Kerzenschein erhellt die Fensterbänke, Lebkuchenduft liegt in der Luft und die angespannte Vorfreude auf die Weihnachtstage ist jedem Bewohner des Murmelbachwaldes deutlich anzumerken. Weihnachten im Murmelbachwald ist etwas ganz Besonderes. Die Freunde essen sich an frisch gebackenen Keksen, köstlichen Nüssen und Lakritzschnecken satt, legen aber auch viel Wert auf Gemütlichkeit. Denn Gemütlichkeit bringt nicht nur Behaglichkeit im Herzen, sondern auch ein wunderbares Kribbeln im Bauch. An diesen besonderen Tagen versuchen die Freunde nicht zu streiten, denn für Streit ist ja schließlich noch das ganze Jahr über Zeit.

So kam es, dass die Freunde sich auch an diesen Weihnachtstagen zu einem wunderbaren Festessen trafen. Ihr Lachen hörte man weit in den verschneiten Wald hinaus. Sie saßen einfach nur zusammen, erzählten sich abenteuerliche Geschichten und aßen so viele Kekse, bis sie sich zufrieden in die Stühle sinken ließen, sich die Bäuche rieben und verträumt auf den hell leuchtenden Weihnachtsbaum blickten. Noch einmal schlafen, dann war Heiligabend. Und an Heiligabend, das wussten sie, war der Abend mindestens noch einmal genauso wundervoll wie der heutige. „Man muss sich das Leben einfach schön machen. Denn in jedem Augenblick steckt viel Magie. Und Magie ist das, was unsere Herzen leuchten lässt", sagte Pelle Palermo in die Runde und alle nickten zustimmend.

Pflege deine Seele

Nicht jeder Wintertag war ein klassischer Wintertag im Murmelbachtal. An manchen Tagen regnete es, an manchen Tagen fiel Schnee und an wieder anderen Tagen schien sogar die Sonne. Das Wetter wandelte sich im Laufe der Jahrzehnte und die Waldbewohner hatten alle Mühe, sich den neuen Bedingungen anzupassen. Die Kräuter und Früchte des Waldes blühten unbeständig, weshalb die Waldbewohner in diesem Jahr keine richtige Ernte verzeichnen konnten. Um genug Wintervorräte zu haben, wurden unter den Tieren alte Vorräte getauscht, es wurde gehamstert und sehr viel in Marmeladengläsern eingemacht. Jeder wusste, dass man sich neuen Bedingungen anpassen muss, auch wenn es nicht immer leicht ist. Besonders schwören alle Dorfbewohner auf das Rezept für köstlichen Wintertee vom Eichhörnchen, das einen durch lange, harte Winter bringt. Dieses Geheimrezept aus dem Murmelbachwald eignet sich für jeden, der schwere Zeiten überstehen muss – oder der es sich einfach mit einer Tasse Tee gemütlich machen will:

Zutaten:
4 EL schwarzer Tee
1 TL Kardamom
½ TL Nelken
eine Messerspitze Pfeffer
1 Zimtstange
2 Sternanis
1 EL Honig / Rohrzucker
ein Schuss Hafermilch, die sich schaumig schlagen lässt

Alle Zutaten in einem Mörser zerstampfen und den schwarzen Tee unterheben. Diese Mischung in einem Teesieb mit heißem Wasser übergießen und fünf Minuten ziehen lassen. Honig oder Zucker unterrühren. Währenddessen Hafermilch schaumig schlagen.
Den heißen Chai-Tee einfach in eine Tasse füllen, nach Bedarf mit Hafermilch auffüllen und ein Schneehäubchen aufsetzen. Anschließend mit einer Prise Zimt bestreuen und genießen.

Dankbarkeit ist der Schlüssel zum Glück

Lasse Baguette stand auf einer Wiese, die Arme weit ausgebreitet, die Nasenspitze Richtung Himmel. Sein Fell glänzte in der Sonne. Er stand einfach nur so da – regungslos.

Pelle Palermo sah ihn fragend an: „Was machst du da, Lasse?" „Ich genieße den Moment und bin dankbar für den neuen Tag, der uns geschenkt wurde. Davon wird es nämlich nicht unzählige geben und da ist es gut, für die Zeit, die wir haben, dankbar zu sein", antwortete Pelle verträumt.

Nach einer Pause sprach er weiter: „Wusstest du, dass wir nur das Hier und Jetzt haben, Pelle? Die Vergangenheit ist nämlich vorbei und kommt nie wieder zurück. Und die Zukunft ist noch nicht eingetroffen." „Das sind sehr weise Worte, Lasse", nickte ihm Pelle zu und breitete seine Flossen aus, um Lasse nachzueifern und den Tag genauso herzlich willkommen zu heißen. „Das Hier und Jetzt ist aber schön …", stellte Pelle mit geschlossenen Augen fest und genoss den Moment. So standen die beiden für eine lange Zeit einfach nur da, und als sie die Augen wieder öffneten, waren sie umringt von ihren Freunden, die mit ihnen zusammen den Moment zelebrierten.

Zelebriere jeden Tag

„Hach, wie wundervoll doch Regenwetter ist!", stellte Pelle Palermo begeistert fest, als die Tropfen laut gegen die Scheiben prasselten. Je regnerischer und stürmischer das Wetter, desto gemütlicher wird es im Haus. Vor allem, wenn man einen Kamin hat. Lasse warf ein Holzscheit in den Kamin und wärmte seine Flossen am prasselnden Feuer. Wenn man doch nur den Moment festhalten könnte, dachte er sich, als er eine Kanne Wasser aufsetzte. Denn um schöne, regnerische Momente zu zelebrieren, eignet sich eine Tasse Kamillentee hervorragend.

Pelle setzte sich auf seine Fensterbank und sah den Regentropfen zu, wie sie, getragen vom Wind, durch die Gegend tanzten. Er muss eine Ewigkeit so dagesessen haben, denn es wurde langsam dunkel und in Pelle machte sich auf einmal eine nicht definierbare Traurigkeit breit. Er sah sich in seinem Wohnzimmer um. Es war alles wie immer. Es gab eigentlich keinen erkennbaren Grund für Traurigkeit. Sein Blick fiel auf das leere Kissen ihm gegenüber auf der Fensterbank und nun erkannte er den Grund für seine Trauer – es war die Einsamkeit. Zum Glück hatte er Nachbarn. Und so lud er Smörle, den kleinen Glücksmarienkäfer, zu einer Tasse Tee auf seiner Fensterbank ein.

„Jeder Moment, egal wie schön er auch ist, wird doppelt so schön, wenn man ihn gemeinsam erlebt", prostete Pelle Smörle zu und gemeinsam genossen sie das Kaminfeuer die ganze Nacht lang ...

Ein Versprechen

Diesen Winter, das ist fein,
möcht ich vor allem zufrieden sein.
Zufrieden mit all dem, was war,
zufrieden mit dem neuen Jahr.

Ein neues Jahr, ein neues Leben.
So viele Dinge will ich erleben.
Ich will viel Neues seh'n und lernen,
die Zukunft steht noch in den Sternen.
Drum will ich den Moment genießen.
Ich vertraue ins Leben, ich lasse es fließen.

Bis das neue Jahr kommt, liebe ich das, was ist.
Denn wenn man Momenten das Schöne beimisst,
und fröhlich und dankbar durchs Leben geht,
liegt vor unseren Füßen ein magischer Weg.

Liebes Leben, ich danke dir,
Und schwöre auf alles, jetzt und hier,
dass ich Sorgen Sorgen sein lasse
und mich hauptsächlich mit schönen Dingen befasse.

Jeder Augenblick zählt

Einmal im Jahr, typischerweise zum Wintereinbruch, steht im Murmelbachwald das große Weihnachtsbacken an. Kekse, Makronen und Lebkuchenhäuser stehen bei den Bewohnern des Waldes immer ganz hoch im Kurs. Und damit es in jedem Haus unterschiedliche Plätzchen und Gebäck gibt, backt jeder eine andere Kekssorte. Dieses Jahr entschied sich Bruno Bellissimo mit seiner Mäusefrau Melona dazu, Lebkuchenhäuser zu bauen. Sie wollten so viele wie möglich anfertigen, um möglichst vielen ihrer Freunde ein eigenes Lebkuchenhaus zu schenken. Lasse Baguette half seinen Freunden, da er in diesem Jahr Vanillekipferl zauberte und die viel schneller hergestellt waren als Lebkuchenhäuser.

Während die Freunde die Häuser aus Lebkuchenstücken aufbauten und dekorierten, fragte Lasse in die Runde: „Was macht für euch den Zauber der Weihnacht aus?" Melona überlegte nicht lange: „Ich liebe Geschenke. Und davon bekomme ich an Weihnachten viele, weil wir so viele Freunde haben. Und ich liebe die langen Abende bei Kerzenschein mit Bruno. Das sind für mich eigentlich die gemütlichsten Abende des Jahres." „Das liebe ich auch, Melona", zwinkerte Bruno seiner Frau zu und wandte sich anschließend an Lasse: „Geschenke zu machen ist auch etwas Wunderbares. Das Schönste daran, die Lebkuchenhäuser nachher zu verteilen, ist das Leuchten in den Augen unserer Freunde." „Vielleicht geht es darum, sich gegenseitig glücklich zu machen und sich zu zeigen, dass man aneinander denkt …", grübelte Lasse. „Und was ist das Schönste für dich?", wollte Melona wissen. „Momente wie diesen zu erleben", antwortete Lasse und genoss den Augenblick voller Lebkuchenduft und Lichterkettenglanz mit seinen Freunden.

Traditionen vermitteln Werte

„Du, Lasse, um was geht es eigentlich an Weihnachten?", fragte Petunia nachdenklich, als sie ihn dabei beobachtete, wie er den Weihnachtsbaum schmückte. „Das kommt darauf an, von welcher Seite du Weihnachten betrachtest", antwortete Lasse und versuchte, auf Zehenspitzen weit oben an den Tannenbaum zu kommen, um ihn rundherum mit Christbaumkugeln zu schmücken.

Lasse erzählte Petunia vom Jesuskind, das in Betlehem in der Weihnachtsnacht geboren worden sein soll. Er erzählte von den Heiligen drei Königen und von der wahren Bedeutung von Weihnachten. „Wenn Weihnachten diese Geschichte aus ganz alter Zeit zugrunde liegt, warum feiern wir Weihnachten dann so, wie wir es heute feiern? Mit Geschenken und einem geschmückten Weihnachtsbaum?", fragte sich Petunia. „Wir Tiere haben uns über die Jahrzehnte weiterentwickelt und die Dinge, die uns Freude bereiten, in dieses Fest eingebaut. Und daran ist nichts falsch. Wie könnte etwas, das Fröhlichkeit und Zusammenhalt zelebriert, falsch sein?" „Dann will ich jeden Tag Weihnachten feiern", sagte Petunia und schwor sich in diesem Moment, dass in ihrem Herzen ab jetzt jeden Tag Weihnachten sein solle.

Heiße Liebe

Die Bewohner des Murmelbachwaldes liebten die Weihnachtszeit. Denn es war die Zeit, in der süße Leckereien besonders schmackhaft waren. Bruno Bellissimo war auf dem Weihnachtsmarkt, der alljährlich im Murmelbachwald auf der großen Lichtung stattfand, für den Maronenstand zuständig. Er liebte es, seine Freunde mit köstlich gerösteten Esskastanien zu versorgen. Jedes Jahr verschenkte er säckeweise Maronen an die Waldbewohner. Auch dir würde er gerne seine beliebten Kastanien zubereiten. Aber da das leider nicht geht, verrät er dir hier sein Rezept für die köstlichsten gerösteten Maronen – du kannst das ganz einfach zuhause nachmachen.

- Heize den Backofen auf 200 Grad vor.
- Schneide mit einem Messer die Schale der Esskastanien kreuzförmig ein und stelle eine ofenfeste Schale Wasser in den Backofen.
- Backe die Kastanien auf einem Backblech für 20 Minuten. Sollte sich die Schale der Maronen noch nicht pellen lassen, backe die Kastanien weitere 10 Minuten im Ofen.
- Lasse die Kastanien an der frischen Luft auskühlen und pelle sie baldmöglich.
- Die schwarze Haut auf den Maronen muss mit abgepellt werden, sie schmeckt bitter.

Brunos Tipp:
Wenn die Maronen kurz in ein feuchtes Handtuch eingeschlagen werden, lassen sie sich besser pellen. Bruno wünscht dir guten Appetit und eine famose Weihnachtszeit!

Du bist ein Engel

Melonas Nichte war zu Besuch und wollte wissen, was es mit der Geschichte vom Christkind auf sich hatte. Melona setzte sich mit ihr vor ihren prächtig geschmückten Tannenbaum, auf den sie jedes Jahr besonders stolz war und begann zu erzählen:

„Das Christkind setzt sich aus den beiden Namen Jesuskind und dem Heiligen Geist zusammen. Das Christkind bringt laut einer Überlieferung die Geschenke an Heiligabend. Man munkelt, dass es sich beim Christkind um einen kleinen Engel handelt. Es verteilt emsig die Geschenke, ohne gesehen zu werden, was vielleicht daran liegt, dass es sehr viel zu tun hat in der Heiligen Nacht. Die Nacht ist besonders heilig, da in dieser Nacht vor ganz vielen Nächten das Jesuskind geboren worden sein soll. Seitdem hoffen alle Bewohner des Murmelbachtals, dass Jesus irgendwann noch einmal zurückkommt."

„Dann will ich dieses Jahr als Engel verkleidet unsere Geschenke verteilen, die wir für unsere Freunde gebastelt haben", sagte Melonas Nichte. Und so kam es, dass die Bewohner des Murmelbachtals in diesem Jahr das Christkind zu Gesicht bekamen ...

Liebe kennt keine Grenzen

„Ich mag dich," sagte Pelle Palermo zu seinem Freund Lasse, als sie sich beide für ein besonderes Abendessen schick machten. Es war ein wunderbarer Abend. Sternenstaub lag in der Luft und die Grillen zirpten ihre schönsten Lieder.

Beide freuten sich schon seit langer Zeit auf diesen Abend, denn heute wollten sie ihre ganz besondere Freundschaft zelebrieren. Alles war perfekt vorbereitet. Gänsewein, der eigentlich köstlich sprudelndes Mineralwasser war, stand gekühlt bereit, köstliche Leckerbissen standen auf dem Tisch, und Smörle, der kleine Marienkäfer, hatte sich in Schale geworfen, um an diesem besonderen Tag Kellner zu spielen.

„Ich mag dich besonders gerne", wisperte Pelle Lasse zu und sah ihn verträumt an. Lasse sah aber auch einfach zu niedlich aus, wie er dastand, mit seinem seidig weichen Fell, und Pelle glücklich anlächelte. „Du bist mein Fels in der Brandung und ich liebe jeden Moment mit dir. Gemeinsam erlebten wir schon die tollsten Abenteuer und durchsegelten die stürmischsten Meere. Und ich habe mich immer wohl gefühlt mit dir an meiner Seite." Lasse war geschmeichelt. Und er fühlte die gleiche Begeisterung für Pelle. „Weißt du, Pelle, ich bin jeden Tag dankbar, dass wir beide zur gleichen Zeit leben dürfen. Meinst du, für die Anderen ist unsere intensive Freundschaft komisch?" „Was soll daran komisch sein, wenn man jemanden richtig gerne hat? Das ist doch etwas Wundervolles …" „Da hast du recht, Pelle", seufzte Lasse erleichtert und schloss seinen Lieblingspinguin ganz lange in die Arme.

So, nach einer Reise durch das ganze Jahr mit Bruno, Lasse, Pelle, Petunia, Melona und Smörle wird es jetzt langsam Zeit, ein Ende zu finden. Wenn es nach mir ginge, könnte es ewig so weitergehen. Aber leider hat dieses Buch nicht unendlich viele Seiten. Was? Ihr wollt noch nicht, dass dieses Buch jetzt endet? Ihr wollt eine Zugabe? Wie könnte ich euch diesen Wunsch abschlagen? Na, dann los, blättert weiter und wir stürzen uns noch einmal gemeinsam ins Abenteuer...

Die Welt ist ein Spielplatz voller Möglichkeiten

Es war ein sonniger Tag im Murmelbachtal, als man von der großen Wiese hinter dem Murmelbachtal lautes Gegröle hörte. Ein legendäres Fußballspiel war in vollem Gange, und die Waldbewohner standen zahlreich am Spielfeldrand, um das Spiel aus nächster Nähe zu bejubeln.

Das Besondere an Fußballspielen im Murmelbachtal war, dass es nur ein Tor gab. Denn bei zwei Toren würde sich früher oder später ein Gewinner herausstellen, aber mit nur einem Tor waren alle Sieger. Nur einer konnte nicht mithalten. Das kleine Faultier brauchte jedes Mal so lange zum Ball, dass es nicht ein einziges Tor schoss, geschweige denn den Ball nur berührte. Faulibert ließ den Kopf hängen. So machte das einfach keinen Spaß. Langsam, ganz langsam, schlurfte er zum Spielfeldrand. Da tauchte auf einmal Lasse Baguette neben ihm auf, der sich einen besonders guten Ballschuss entgehen ließ, um seinem Freund etwas mitzuteilen: „Du, Faulibert, mir ist aufgefallen, dass du einfach sehr langsam bist. So macht das Spiel bestimmt keinen Spaß, oder?" „Da hast du ganz recht, alter Freund", antwortete das kleine Faultier. „Wenn du aber gerade nichts Besseres zu tun hast, könntest du mir einen großen Gefallen tun. Niemand gibt uns Feedback, deshalb können wir uns nicht verbessern. Und wenn du dich an den Rand setzt, könntest du uns beobachten und Tipps geben. Das wäre eine große Bereicherung für unser Fußballteam." Und so kam es, dass Faulibert nicht nur Spaß an Fußballspielen entwickelte, sondern auch der beste Trainer weit und breit wurde …

Das Glücksprinzip

Glück ist für jeden etwas anderes, soviel steht fest. Trotzdem fachsimpelten die Freunde gerne bei langen Picknickrunden über dieses Thema, weil Glück eben etwas ist, das zwar subjektiv wahrgenommen wird, aber trotzdem ein wichtiges Thema für das ganze Leben ist. Am Ende einer langen Diskussionsrunde zwischen Petunia, Lasse, Smörle und Pelle fasste Lasse noch einmal alles perfekt zusammen und zog sein Resümee:

„Glück ist ein inneres Gefühl, das den ganzen Körper durchströmt. Es ist das Vertrauen in sich selbst und das Leben. Es ist die Gabe, in allem einen Prozess zu sehen, der einen wachsen und sich entwickeln lässt. Glück ist das Gefühl von Dankbarkeit für alles im Leben. Und es ist die Zuversicht darauf, dass alles, wie es kommt, zu unserem Besten geschieht, wenn man nur in der Lage ist, die Geschenke des Lebens zu sehen und anzunehmen. Glück ist der jetzige Moment, und die kleinen magischen Momente des Alltags. Ein großes Glück ist es, sich selbst zu haben. Glück ist das Leben selbst." Und alle nickten ihm zustimmend zu.

Stell dich deinen Ängsten

Der Oktober neigte sich dem Ende zu. Es war also Gruselzeit im Murmelbachwald. Jeder Bewohner freute sich darauf, denn wenn man sich gruselt, fühlt man sich lebendig. So zumindest betonte es jedes Jahr aufs Neue Lasse Baguette vor Petunia, die ein Angsthase war und sogar bei lautem Donnergepolter das Fürchten bekam. Dieses Jahr hatte sie sich entschieden, das Halloweenfest ausfallen zu lassen. Zu sehr fürchtete sie sich vor den vielen Gespenstern, die jederzeit auftauchen und sie erschrecken könnten.

Doch wie ließ man Festivitäten ausfallen, auf die man keine Lust hatte? Entweder man verreist, was in Anbetracht dessen, dass Halloween weit über das Murmelbachtal hinaus zelebriert wurde, keinen Sinn ergab, oder man versteckte sich unter der Bettdecke. Denn jeder weiß, dass man, wenn man ganz unter der Bettdecke ist und nicht mal der kleine Zeh herausguckte, völlig sicher war.

Also machte sich Petunia auf den Weg ins Bett, gewappnet mit ihrer Taschenlampe und ihrem Lieblingsbuch und richtete sich gemütlich ein. Nun brauchte sie nichts weiter zu tun, als zu warten, bis Halloween vorüber war.

Doch was war das? Über ihrer Bettdecke tauchten auf einmal im Schein ihrer Taschenlampe ganz und gar fürchterliche Gestalten auf. Und sie hielten triumphierend etwas nach oben. Engelsflügel! Sie hatten einen Engel in ihrer Gewalt und …

„Petunia, ist alles okay?" Petunia hielt inne. Die Stimme klang überhaupt nicht gruselig, sondern sehr vertraut.

„Petunia! Ich bin's, Lasse." „Und wir sind auch dabei!", riefen Pelle, Bruno und Smörle im Chor. Petunia zog die Bettdecke zurück und sah ihre verkleideten Freunde mit Engelsflügeln in der Hand. „Hier, für dich. Du gehst dieses Jahr als Engel verkleidet", sagte Lasse, und streckte ihr die Flügel entgegen. „Du glaubst doch nicht wirklich, dass wir dich alleine lassen, wenn du Angst hast. Wir gehen jetzt gemeinsam Süßigkeiten sammeln und machen es uns dann bei dir gemütlich und passen aufeinander auf." Und so nahm Lasse Petunia an die Hand. „Sich seinen Ängsten zu stellen ist gar nicht so schlimm", stellte Petunia fest und schritt mutig in die Nacht hinaus.

Nimm die Geschenke des Lebens an

„Frohe Weihnachten!", rief Petunia begeistert, als sie den Weihnachtsmann vor sich stehen sah. Er war wahrlich prächtig, wie er so dastand mit seinem weißen, langen Bart, im Glanz der Lichterkette des Weihnachtsbaumes. „Frohe Weihnachten, liebe Petunia", erwiderte der Weihnachtsmann und sah sich im Raum um. Behaglich war das Wohnzimmer. Das machte für ihn auch den Glanz von Weihnachten aus. Er blickte einen Abend lang in glücklich strahlende Gesichter, konnte sich am Kamin wärmen und bekam Kekse satt.

„Du hast lustige Watschelfüße", stellte Petunia fest. „Das liegt daran, dass ich im tiefsten Schnee wohne und so besser von meiner Weihnachtswerkstatt in mein Haus komme", erklärte der Weihnachtsmann. „Was wird denn in deiner Weihnachtswerkstatt hergestellt?", wollte Petunia wissen. „Nichts", sagte der Weihnachtsmann. „Ich packe nur ein." „Aber wenn du nichts herstellst, gibt es doch auch nichts einzupacken", stellte Petunia fest. „Ich packe leere Pakete ein", erklärte der Weihnachtsmann und fuhr fort: „An Weihnachten erwarten alle Geschenke. Dabei ist der Sinn von Weihnachten ein ganz anderer. Es geht eigentlich um die Geburt Jesu und die wird gefeiert. Für uns steht Weihnachten für eine Zusammenkunft mit Freunden und Familie, für gutes Essen und gemeinsame Zeit. Und da dieser Zauber über die Weihnachtstage in der Luft hängt, schenke ich nur das, was wichtig ist und das ist neben meiner Zeit – denn Wertvolleres habe ich nicht zu verschenken – die Erinnerung daran, was wirklich wichtig ist." „Ist das auch mein Geschenk?", wollte Petunia erwartungsvoll wissen. „Ja, ich lese dir gleich die Weihnachtsgeschichte vor und dabei essen wir Kekse und das wird wundervoll." „Oh danke, lieber Weihnachtsmann!", jauchzte Petunia, hüpfte aufs Sofa und freute sich über ihr wunderbares Leben voller magischer Momente.

Die Nacht bringt ein neues Leben

„Die Nacht ist etwas Wundervolles …", stellte Poldi Panda fest, als er verträumt von seinem Schokokeks abbiss. „Diese magische Ruhe, der klare Himmel und die funkelnden Sterne, die einen immer daran erinnern, dass wir beschützt und geleitet werden. Das ist so ein überwältigendes Gefühl!" Er sah sich in der Runde um. Ein leichter Nebelschleier lag über den Gräsern, die sich ganz still und aufrecht zum Mond hinaufstreckten. Aus der Ferne hörte man leise den Bach durch das Murmelbachtal fließen. Da räusperte es sich leise. „Also ich finde die Nacht eher gruselig", stellte Petunia Mausrella fest. „Alles ist dunkel und still, und wenn da draußen nun jemand Gruseliges herumschleicht und uns erschreckt …"

„Petunia, du solltest dir Folgendes bewusst machen: Es steckt Magie in allem, was du siehst und fühlst. In jedem Augenblick, in den langen Sonnentagen, aber auch im Mondschein. Jede Tageszeit hat ihren ganz eigenen Zauber! Jetzt kommt dein Körper zur Ruhe, der Stress des Alltags ist weg und diese Nacht reinigt nicht nur dich, sondern auch alle Sorgen dieser Welt. Und wenn sich morgen der Nebelschleier legt und die Sonne aufgeht, beginnt wieder ein neuer Tag und damit ein neues Leben für dich. Das ist toll! Deshalb musst du gar keine Angst haben. Sei froh, dass du Nächte wie diese erleben darfst." Mit diesen Worten reichte Poldi Petunia und seinen Freunden noch einen Keks. Und außer dem zufriedenen Schmatzen der Freunde herrschte in dieser Nacht absolute Stille …

Ende

So, nun hast du das Buch gelesen und bist einmal mit deinen neuen, kleinen Freunden durch das Jahr getanzt, hast mit Pelle Drachen steigen lassen, hast dich mit Petunia gefürchtet, mit Bruno gepicknickt und mit Lasse einen himmlisch duftenden Badezusatz hergestellt. Nun bleibt am Ende noch die Frage: Was ist der wirkliche Sinn des Lebens? Der Sinn des Lebens ist – leben. Es geht darum, das Leben mit allen Facetten und in allen Farben anzunehmen und lieben zu lernen. Es geht um die kleinen Dinge und darum, große Ereignisse gebührend zu feiern. Die Welt ist ein großer Spielplatz voller Möglichkeiten und du wirst jeden Tag aufs Neue herzlich dazu eingeladen, dies zu zelebrieren. Erinnere dich daran, wie du die Welt gesehen hast, als du noch ein Kind warst. Diese Welt ist noch da. Erinnere dich. Du musst das Leben schon leben.
Auf viele spannende Abenteuer und gemütliche Momente.

Fühl dich umarmt.
Deine Nora

Über die Autorin

Nora von Gadenstedt und Tobias Pirk haben 2014 die Kultmarke Mr. & Mrs. Panda gegründet. Während Tobias sich dabei auslebt, im Hintergrund alles möglich zu machen, wundervolle Produkte mit unseren kleinen Freunden in die Welt hinauszuschicken, schreibt Nora alle Geschichten, zeichnet die Motive und schafft es so, die magische, lebensfrohe Welt mit euch zu teilen.
"Wir hören erst auf, wenn wir den letzten Menschen glücklich gemacht haben".
Darüber sind sich beide einig.

Nora wuchs in starker Bindung zur Natur mit vielen Tieren auf. Diese inspirierten sie schon immer in ihrer Arbeit. Die Geschichten für dieses Buch entstanden nicht in ihrem Kopf, sondern in ihrem Herzen. Während sie anfing, die Geschichten für dieses Buch zu schreiben, wusste sie selbst nicht, wie die Geschichten enden sollten. Sie vertraut in allem, was sie tut, auf den Fluss des Lebens. So entstehen wie aus Zauberhand alle Sachen in der Welt von Mr. & Mrs. Panda.

Wenn du mit deinen neuen Freunden in Kontakt bleiben willst, folge ihnen auf Instagram unter @mrmrspanda oder besuche sie unter www.pandaliebe.de.

Die Welt von Mr. & Mrs. Panda

978-3-7358-8130-4

Die Anleitungs zum Glücklichsein:
Voller Inspirationen, Naturzeichnungen
und Abenteuerlust durch die Jahreszeiten

978-3-7358-8129-8

Für ein Freundebuch ist man nie
zu alt! Mit wunderschön illustrierten
und lebensfrohen Fragen.

978-3-7358-8134-2

Das Notizbuch für kreative Köpfe.
Mit viel Platz für Ideen, Gedanken,
Zeichnungen und Bucket lists.

Impressum

Illustrationen und Geschichten: Mr. & Mrs. Panda, Nora von Gadenstedt
Produktmanagement: Seline Gwinn
Lektorat: Betz Lektorat + Redaktion, Tübingen
Herstellung: Jessica Siebert
Satz: tebitron gmbh, Gerlingen
Druck und Bindung: POLYGRAF PRINT spol. s r.o.

Materialangaben und Arbeitshinweise in diesem Buch wurden von der Autorin und den Mitarbeiter:innen des Verlages sorgfältig geprüft. Eine Garantie wird jedoch nicht übernommen. Das Werk und die darin gezeigten Modelle sind urheberrechtlich geschützt. Die Vervielfältigung und Verbreitung ist, außer für private, nicht kommerzielle Zwecke, untersagt und wird zivil und strafrechtlich verfolgt. Dies gilt insbesondere für eine Verbreitung des Werkes durch Fotokopien, Film, Funk und Fernsehen, elektronische Medien und Internet sowie für eine gewerbliche Nutzung der gezeigten Modelle. Bei Verwendung im Unterricht und in Kursen ist auf dieses Buch hinzuweisen.

1. Auflage 2024

© 2024 frechverlag GmbH, Dieselstr. 5, 70839 Gerlingen, einem Unternehmen der Penguin Random House Verlagsgruppe GmbH, München

ISBN: 978-3-7358-8124-3 Best.-Nr. 28124

Penguin Random House
Verlagsgruppe
FSC® N001967